Mit seinem inspirierenden Arbeitsbuch gibt uns der amerikanische Bestsellerautor Ibram X. Kendi eine so ermutigende wie mitreißende Anleitung zum Handeln. Denn: »Es reicht nicht aus, kein Rassist zu sein, wir müssen Antirassisten sein«, wie Bundespräsident Frank-Walter Steinmeier es auf den Punkt gebracht hat, indem er die zentrale Forderung von Ibram X. Kendi aufnahm. Das vorliegende Arbeitsbuch hilft dabei, unseren eigenen Rassismus zu verstehen, zu identifizieren und konkret dagegen anzugehen.

IBRAM X. KENDI, geboren 1982 in New York, ist Gründungsdirektor des Antiracist Research and Policy Center, Professor für Geschichte und Internationale Beziehungen und er hat die renommierte Andrew-W.-Mellon-Professur in the Humanities an der Boston University inne, die als besondere Auszeichnung für akademische und gesellschaftliche Leistung gilt und seit ihrer Gründung 1973 nur von Elie Wiesel besetzt war. Für sein Buch »Gebrandmarkt. Die wahre Geschichte des Rassismus in Amerika« erhielt er 2016 den National Book Award. »How to Be an Antiracist« ist sein neues, viel beachtetes Buch, New-York-Times-Nummer-1-Bestseller, in dem er anhand der eigenen Geschichte die Mechanismen von Rassismus sichtbar macht und nicht weniger als die radikale Neuorientierung unseres Bewusstseins fordert.

IBRAM X. KENDI

Ein Arbeitsbuch

Aus dem amerikanischen Englisch
von Christiane Bernhardt

btb

Penguin Random House Verlagsgruppe FSC® N001967

1. Auflage
Deutsche Erstveröffentlichung Januar 2022
Copyright © 2020 by Ibram X. Kendi
Copyright © der deutschsprachigen Ausgabe 2022
by btb Verlag in der Penguin Random House Verlagsgruppe GmbH,
Neumarkter Str. 28, 81673 München
Umschlaggestaltung: semper smile, München
Umschlagmotiv: © Shutterstock/mirrelley
Satz: Uhl + Massopust, Aalen
Druck und Bindung: Alföldi, Debrecen
ts · Herstellung: sc
Printed in Hungary
ISBN 978-3-442-77147-9

www.btb-verlag.de
www.facebook.com/btbverlag

Einführung

Von vornherein fürchtete ich mich davor, meine Reise durch den Rassismus mit der Öffentlichkeit zu teilen. Ich wollte nicht, dass aller Welt die beschämendsten, dümmsten und peinlichsten Momente meines eigenen Rassismus vor Augen geführt würden. Ich wollte *How to Be an Antiracist*, das an meinem Geburtstag 2018 erschien, gar nicht schreiben. *Dieses* Geburtstagsgeschenk wollte ich nicht. Ich wollte nicht, dass die Allgemeinheit ein Tagebuch meiner zutiefst rassistischen Gedanken las. Lieber wollte ich diese Gedanken für mich behalten. Ich wollte ein Tagebuch für mich, für mich allein, das ich vielleicht mit anderen teilen würde, wenn ich dazu bereit wäre. Und ich war nicht bereit.

Die Liebe jedoch vermochte es, mir meine Ängste zu nehmen. Liebe für die Menschheit, Liebe für mich selbst und Liebe für dich. Ich wollte meinen eigenen, von mir verinnerlichten Rassismus überwinden. Ich möchte, dass Menschen überall den ihren überwinden können. Ich möchte andere öffentlich dazu ermutigen und darin anleiten, sich in einem Arbeitsbuch mit dem Thema *Rassismus* auseinanderzusetzen. Daher ist dieses Arbeitsbuch für dich, für dich allein, wie ein Tagebuch. Aber ich hoffe, dass daraus etwas wird, das du mit anderen teilen kannst, wenn du dazu bereit bist.

Leugnen ist der Herzschlag des Rassismus. Tagtäglich wird uns der Mut genommen, uns ehrlich mit unseren Auffassungen von und Handlungen gegenüber bestimmter racial Gruppen auseinanderzusetzen. Tagtäglich werden wir dazu ermutigt abzustreiten, wenn wir uns rassistisch verhalten. Rassismus wird durch die Verweigerung, sich selbst zu reflektieren, befeuert; dadurch, dass wir den Begriff *Rassistin* oder *Rassist* so definieren, dass wir damit nicht gemeint sind; dadurch, dass wir ständig verkünden, *nicht rassistisch* zu sein. Immerzu. Ganz egal, was wir sagen oder tun.

Das Eingeständnis ist der Herzschlag des Anti-Rassismus. Die Selbstreflexion. Einzusehen, dass es so etwas wie *nichtrassistisch*, etwas wie eine nichtrassistische Neutralität, nicht gibt. Einzusehen, dass alle Vorstellungen und politischen Maßnahmen entweder rassistisch oder antirassistisch, dass alle Menschen entweder rassistisch oder antirassistisch *sind*. Niemand *wird* zum Rassisten oder Anti-Rassisten. Es handelt sich dabei nicht um festgelegte Kategorien. Wir können im einen Moment antirassistisch, im nächsten rassistisch sein. Was wir über Races sagen, was wir gegen die Ungleichbehandlung tun, bestimmt in jedem Moment was – nicht wer – wir sind.

Doch um zu bestimmen, was wir sind, müssen wir auf klare, einheitliche Weise definieren, was *rassistisch* ist, was *antirassistisch*. Nachdem wir diese Begriffe festgelegt haben, können wir sie auf uns anwenden, auf die Auffassungen, die wir vertreten, die Maßnahmen, die wir unterstützen und auf unsere Handlungen und unsere Tatenlosigkeit im Angesicht von Ungleichbehandlung und Ungerechtigkeit. Erst wenn wir diese Begriffe auf uns selbst anwenden, können wir sowohl vor uns selbst als auch vor der Welt bekennen, wenn wir rassistisch sind.

Mein Buch *How to Be an Antiracist* ist mein Bekenntnis. Es ist mein antirassistisches Tagebuch. Ich habe Begriffe definiert und meine rassistisch geprägten Vorstellungen von Macht, Biologie, Ethnizität, Körper, Kultur, Verhalten, *Weiß*sein, Schwarzsein, Klasse, Raum, Gender und Sexualität reflektiert. Ich habe meinen eigenen Rassismus reflektiert; darüber, wie ich Rassismus überlebe und wie unsere Gesellschaft den Rassismus überleben kann.

Dies ist dein antirassistisches Tagebuch. Es kann dein Bekenntnis sein. Ich möchte, dass du so ehrlich mit dir bist, dass es wehtut, wenn du deine Reise durch den Rassismus dokumentierst. Gehe diesen Weg mit mir und anderen; führe dich selbst und andere. Nimm dieses Tagebuch als Ausgangspunkt für konstruktive Gespräche mit Kolleginnen und Kollegen, Freunden und deinen Angehörigen. Fülle Einträge mit Jüngeren aus. Fülle das Buch an einem Wochenende aus oder ergänze einen Eintrag pro Tag oder einen pro Woche als regelmäßige antirassistische Praxis. Denn, wie bei allem anderen auch, geht es dabei, antirassistisch zu sein um die Praxis – ein regelmäßiges Üben – und darum, über unser Handeln nachzudenken.

Um unsere Gesellschaft reflektieren zu können, müssen wir fortwährend uns selbst reflektieren. Um eine antirassistische Gesellschaft aufbauen zu können, müssen wir uns fortwährend bemühen, antirassistisch zu sein.

Eine antirassistische Gesellschaft, die nicht von Furcht, Hass und Zynismus regiert wird, sondern von Chancengleichheit, Gerechtigkeit und Wahrheit. Eine antirassistische Gesellschaft, die von Neugier, Liebe und Hoffnung geleitet wird und der gesamten Menschheit in all ihrer Vielfalt Rechnung trägt.

In Freiheit,

April 2020

»Aber wo liegt das Problem, wenn man sich als ›nichtrassistisch‹ bezeichnet? Die Behauptung soll Neutralität signalisieren: ›Ich bin nicht rassistisch, aber auch nicht vehement gegen Rassismus.‹ Doch im Kampf gegen Rassismus gibt es keine Neutralität. Das Gegenteil von ›rassistisch‹ ist nicht ›nichtrassistisch‹, sondern ›antirassistisch‹.«

Hast du dich selbst je als »nichtrassistisch«
bezeichnet? Was bedeutet *nichtrassistisch*
für dich? Warum sind deiner Meinung nach
so viele Menschen derart überzeugt davon,
»nichtrassistisch« zu sein?

Warum sind so viele Menschen derart überzeugt davon, dass es in Bezug auf Rassismus so etwas wie Neutralität gibt? Inwiefern hängt die Vorstellung von einer solchen Neutralität damit zusammen, dass man sich als »nichtrassistisch« bezeichnet?

DATUM / /

»»Sie denken, es wäre okay, nicht zu denken!«, lautete mein nächster Vorwurf, mit dem ich die klassische rassistische Vorstellung wiedergab, dass Schwarze Jugendliche Bildung nicht so schätzen wie ihre nicht-Schwarzen Altersgenossen. Es schien niemanden zu stören, dass sich diese abgedroschene Idee über Anekdoten verbreitet hatte, aber nie bewiesen worden war. Das Publikum ermutigte mich mit seinem Applaus. Ich machte weiter, feuerte eine unbewiesene und widerlegte rassistische Idee nach der anderen ab, während ich aufzählte, was mit der Schwarzen Jugend nicht stimmte – ironischerweise bei einem Anlass, bei dem offen zutage trat, was sehr wohl stimmte mit der Schwarzen Jugend.«

Es war schwer, *How to Be an Antiracist* mit dem Eingeständnis des rassistischsten Moments meines Lebens
zu beginnen, einer Rede, die ich in meinem Abschlussjahr
an der High School bei einem Redewettbewerb zu Ehren
von Martin Luther King Jr. hielt. Doch ich ging davon aus,
dass das Beichten einfacher würde. Und so war es auch.

**Beschreibe den rassistischsten Moment deines
Lebens.**

Warum hältst du diesen Moment für den rassistischsten deines Lebens? Was hättest du anders machen oder ausdrücken sollen?

In meiner MLK-Rede hätte ich darauf hinweisen sollen, dass Rassismus das Problem war, nicht die Schwarze Jugend.

»Rassistische Vorstellungen bewirken, dass People of Color sich selbst weniger positiv sehen, was sie wiederum anfällig für rassistische Vorstellungen macht. Rassistische Vorstellungen vermitteln *weißen* Menschen ein positiveres Selbstwertgefühl, weshalb sie sich wiederum zu rassistischen Vorstellungen hingezogen fühlen.«

Rassistische Vorstellungen verhindern es, dass wir ein realistisches Selbstbild haben; die rassistische Vorstellung der Überlegenheit der eigenen racial Gruppe führt dazu, dass wir zu viel oder zu wenig von uns selbst halten.

Beschreibe eine Phase, in der du dich infolge rassistischer Vorstellungen von deiner racial Gruppe anderen gegenüber überlegen gefühlt hast.

Reflektiere eine Zeit, in der du dich
infolge rassistischer Vorstellungen von
der Minderwertigkeit deiner racial Gruppe
minderwertig gefühlt hast.

DATUM   /   /

Warum ist es so wichtig, »nichtrassistische«
Neutralität sowie das damit einhergehende
Selbstbild nicht länger zu akzeptieren, um
befreit und antirassistisch leben zu können?

Antirassistisch sein heißt anzuerkennen, dass wir alle
Menschen sind, und als solche gleichwertig.

**Nenne fünf Themen, Menschen oder Erinnerungen, die dich
möglicherweise davon abgehalten haben, dieses Menschsein
anzuerkennen, den Gedanken, dass alle Menschen gleich sind.**

1

2

3

4

5

»Definitionen verankern uns in Prinzipien. Das darf man nicht auf die leichte Schulter nehmen: Wenn wir nicht die Grundlagenarbeit leisten und nicht die Art von Mensch definieren, die wir sein wollen, und zwar in einer Sprache, die stabil und beständig ist, dann können wir auch nicht auf ein stabiles, beständiges Ziel hinarbeiten. Einige meiner folgenreichsten Schritte auf dem Weg zum Antirassisten machte ich, als ich grundlegende Definitionen festlegte.«

Definiere die folgenden Begriffe

Race

Rassistische Vorstellungen

Antirassistische Vorstellungen

Racial Ungerechtigkeit

Racial Gerechtigkeit

Rassistische Politik

Antirassistische Politik

Rassismus

Antirassismus

Rassistin/Rassist

Antirassistin/Antirassist

Meine Definitionen

Race

Ein gesellschaftliches Machtkonstrukt, das unterschiedliche menschliche Merkmale bündelt und diese einer Wertung unterzieht.

Rassistische Vorstellung

Jede Vorstellung, die andeutet, eine racial Gruppe wäre einer anderen racial Gruppe in irgendeiner Hinsicht unter- oder überlegen.

Antirassistische Vorstellung

Jede Vorstellung, die andeutet, dass racial Gruppen trotz all ihrer offensichtlichen Unterschiede gleichwertig sind.

Racial Ungerechtigkeit

Wenn zwei oder mehrere racial Gruppen nicht annähernd gleichgestellt sind.

Racial Gerechtigkeit

Wenn diese racial Gruppen relativ gleichberechtigt nebeneinander bestehen.

Rassistische Politik

Jede Maßnahme, die racial Ungerechtigkeit zwischen verschiedenen racial Gruppen schafft oder bewahrt.

Antirassistische Politik

Jede Maßnahme, die Gerechtigkeit zwischen racial Gruppen schafft oder bewahrt.

Rassismus

Die Bündelung wirkmächtiger politischer Maßnahmen einer rassistischen Politik, die zu rassistischer Benachteiligung führt und auf rassistischen Vorstellungen gründet.

Antirassismus

Die Bündelung wirkmächtiger politischer Maßnahmen einer antirassistischen Politik, die zu Gleichheit zwischen Menschen, die durch Race-Kategorien beschrieben werden, führt und auf antirassistischen Vorstellungen gründet.

Rassist

Eine Person, die eine rassistische Politik durch ihr Handeln oder ihre Tatenlosigkeit unterstützt oder rassistische Vorstellungen äußert.

Antirassist

Eine Person, die eine antirassistische Politik durch ihr Handeln unterstützt oder antirassistische Vorstellungen äußert.

Nenne und beschreibe die fünf Erfahrungen,
die am stärksten beeinflusst haben, wie du
dich in puncto Rassismus positionierst.

1

2

3

4

5

Wer sind deine größten Vorbilder, wenn es um das Thema Race geht? Welche Positionen vertreten diese Personen? Warum hat es dich zu diesen Positionen hingezogen? Würdest du die Positionen gemäß der Definitionen von Seite 19 als antirassistisch oder als rassistisch einordnen?

Wer oder was macht dir am meisten Angst, wenn du über Race nachdenkst? Warum?

Wie würdest du den aktuellen Stand der Dinge bezogen auf das Thema Race in deiner Umgebung beschreiben?

» › Mikroaggression ‹ wurde Teil eines Vokabulars
alter und neuer Begriffe — wie › Kulturkriege ‹
und › Stereotyp ‹ und › unbewusste Vorurteile ‹ und
› ökonomisch begründete Angst ‹ und › Tribalismus ‹ .
Dadurch konnte man das R-Wort leichter vermeiden
oder darum herumreden.«

DATUM / /

1

2

3

Zähle mindestens drei weitere Wörter oder Formulierungen auf, die es den Menschen leichter machen, das R-Wort – Rassismus – zu vermeiden oder darum herumzureden.

Hast du jemals gezögert, das R-Wort zu
benutzen? Warum?

Warum ist es für Antirassisten unerlässlich, das R-Wort zu benutzen?

»Mit sieben Jahren spürte ich, wie sich der Nebel des Rassismus in mir ausbreitete und meinen dunklen Körper vereinnahmte. Dieser Nebel fühlte sich mächtig an, mächtiger als ich, mächtiger als meine Eltern und alle anderen in meiner Welt, und bedrohlich. Was für ein gewaltiges Konstrukt Race doch ist – so stark, dass es uns verzehren kann. Und das schon so früh.«

Wann wurde dir das Konstrukt Race zum
ersten Mal bewusst? Beschreibe deine
früheste Erinnerung daran, wie du die
Welt zum ersten Mal durch eine Brille der
rassistischen Kategorisierung betrachtet
hast, so konkret wie möglich.

DATUM   /   /

Wahrscheinlich hat dich das Konstrukt Race schon vor diesem Moment eingeholt und dein Leben beeinflusst.

Welche Kräfte könnten dein Leben als *weiße*/ Schwarze/ Person of Color beeinflusst haben, noch bevor du es bemerkt hast?

Beschreibe, wie du dich zum ersten Mal
gegen Rassismus erhoben hast (oder darüber
nachgedacht hast, dich dagegen zu erheben).

Benenne einen Moment, in dem du bereust, dich nicht gegen Rassismus erhoben zu haben. Was hättest du anders machen können?

»Race ist eine Fata Morgana, aber eine, vor der wir nicht die Augen verschließen dürfen, auch wenn wir stets daran denken sollten, dass es eine Fata Morgana ist, auch wenn wir nie vergessen sollten, dass die Fata Morgana erst durch das starke Licht des Rassismus entsteht.«

Was macht Race zu einer Fata Morgana?

Auf welche Weise sollten wir Race betrachten?

Auf welche Weise sollten wir Race nicht betrachten?

»Wenn wir aufhören, racial Kategorien zu verwenden, sind wir auch nicht mehr in der Lage, rassistische Benachteiligung zu erkennen. Wenn wir rassistische Benachteiligung nicht mehr erkennen, können wir auch rassistische Politik nicht mehr erkennen. Wenn wir rassistische Politik nicht mehr erkennen, können wir auch nichts dagegen unternehmen. Wenn wir nichts gegen rassistische Politik unternehmen, dann hat die rassistische Macht ihr großes Ziel erreicht: eine Welt der Ungleichheit, die keiner von uns erkennt und sich deshalb auch niemand dagegen wehrt.«

Sprechen sich Menschen, die eine
»Race-neutrale« Politik fordern, damit
zugleich für die Abschaffung von racial
Ungleichheit aus? Warum oder warum nicht?

Warum ist die Forderung nach angeblich
» Race-neutraler« Politik das große
rassistische Ziel?

Warum ist es gefährlich, eine
Gesellschaft, in der rassistische
Benachteiligungen fortbestehen, als
»post-rassistisch« zu bezeichnen?

DATUM   /   /

Erkläre, was ein *White Ethnostate* ist.
Inwiefern würde er sich von der heutigen
Gesellschaft unterscheiden?

Inwiefern könnte ein » Race-neutraler«
Staat bedrohlicher sein als die Bewegung,
die den » *White* Ethnostate« propagiert?

Beschreibe einen antirassistischen Staat.
Wie würde sich dieser von der heutigen
Gesellschaft unterscheiden?

»Einige von uns werden von ihrer Angst zurückgehalten, sie fürchten mögliche Konsequenzen, wenn sie aufbegehren. In unserer Naivität haben wir weniger Angst vor dem, was uns zustoßen könnte – oder was bereits geschieht –, wenn wir uns nicht wehren.«

Was bedeutet *Widerstand* für dich?

Was widerfährt uns, wenn wir keinen
Widerstand leisten? Was, wenn wir es tun?

Überlege dir ein Beispiel aus der Gegenwart, das dieses Prinzip von Ursache und Wirkung veranschaulicht, und eines aus der Vergangenheit. Erläutere deine beiden Beispiele.

DATUM /   /

Vergangenheit

Gegenwart

»Die Geschichte rassistischer Vorstellungen ist die Geschichte mächtiger Politikerinnen und Politiker, die eine rassistische Politik aus Eigennutz umsetzen und dann rassistische Vorstellungen schaffen, um die ungerechten Auswirkungen ihrer Politik zu verteidigen und zu begründen. [...] Dieses Prinzip von Ursache und Wirkung prägt auch heute noch das Fortbestehen des Rassismus.«

Das folgende Beispiel aus den USA zeigt die Ungleichheit zwischen unterschiedlich racialized Bevölkerungsgruppen (2017 veröffentlicht vom Stanford Center on Poverty and Inequality).

Welche rassistischen Vorstellungen führen dazu, dass solche Ungleichheiten zur Normalität werden?

»71 Prozent der *weißen* Familien in den USA lebten 2014 in einer Immobilie, die ihnen selbst gehörte, bei Latinx Familien waren es hingegen 45 Prozent und bei Schwarzen Familien nur 41 Prozent.«

Durch welche antirassistischen Vorstellungen könnten diese Ungleichheiten als etwas Pathologisches, etwas Anomales entlarvt werden? Mit welchen antirassistischen Maßnahmen könnte die Politik solche Ungleichheiten verringern oder aus der Welt schaffen?

»Amerikanerinnen und Amerikaner sind schon lange daran gewöhnt, Defizite eher bei den Menschen als in der Politik zu suchen. Dieser Fehler unterläuft einem sehr leicht: Menschen haben wir direkt vor Augen. Die Politik ist fern. Besonders schwer fällt es uns, die Politik zu sehen, die hinter den Problemen der Menschen steht.«

Denke über eine Person of Color nach, deren
Kampf um Anerkennung und Chancengleichheit
du erst vor Kurzem mitbekommen hast. Welche
Politik könnte hinter dem Kampf dieser Person
stecken? Welche rassistischen Vorstellungen
halten Menschen möglicherweise davon ab, diese
Art von Politik zu durchschauen?

»Jede Vorstellung, die andeutet, dass eine racial Gruppe einer anderen in irgendeiner Hinsicht unterlegen oder überlegen ist, ist eine rassistische Vorstellung. Rassistische Vorstellungen postulieren, dass die Unterlegenheit oder Überlegenheit einer racial Gruppe rassistische Benachteiligung in der Gesellschaft erklären können.«

Nenne ein Beispiel dafür, was deiner Meinung nach mit Schwarzen Menschen, oder einer bestimmten Gruppe Schwarzer Menschen, nicht stimmt.

BEISPIEL: *Früher dachte ich, Schwarze Jugendliche würden Bildung nicht wertschätzen.*

Nenne ein Beispiel dafür, was deiner Meinung nach mit asiatischen Menschen, oder einer bestimmten Gruppe asiatischer Menschen, nicht stimmt.

BEISPIEL: *Früher dachte ich, asiatische Männer seien fügsam.*

Nenne ein Beispiel dafür, was deiner Meinung nach mit Menschen aus dem Mittleren Osten, oder einer bestimmten Gruppe von Menschen aus dem Mittleren Osten, nicht stimmt.

BEISPIEL: *Früher habe ich mir vorgestellt, Frauen aus dem Mittleren Osten seien unterwürfig.*

Nenne ein Beispiel dafür, was deiner Meinung nach mit indigenen Menschen, oder einer bestimmten Gruppe indigener Menschen, nicht stimmt.

BEISPIEL: *Früher dachte ich, indigene Menschen seien schwach.*

Nenne ein Beispiel dafür, was deiner Meinung nach mit weißen Menschen, oder einer bestimmten Gruppe weißer Menschen, nicht stimmt.

BEISPIEL: *Früher dachte ich, weiße Menschen seien böse.*

Nenne ein Beispiel dafür, was deiner Meinung nach mit Latinx Menschen, oder einer bestimmten Gruppe von Latinx Menschen, nicht stimmt.

BEISPIEL: *Früher dachte ich, Einwanderer aus südamerikanischen Ländern nähmen Schwarzen ihre Arbeitsplätze weg.*

»Meine Eltern waren – obwohl sie sich ihres Schwarzseins bewusst waren – empfänglich für die rassistische Vorstellung, dass Schwarze Menschen aufgrund ihrer Faulheit nicht den Aufstieg schafften, deshalb verwendeten sie mehr Aufmerksamkeit darauf, Schwarze Menschen zu kritisieren, als auf Reagans Politik, die die Sprossen der Leiter des sozialen Aufstiegs durchsägte und dann die Leute dafür bestrafte, dass sie abstürzten.«

Nenne drei Chancen, die armen Schwarzen
Menschen üblicherweise vorenthalten
bleiben, wodurch ihnen der Aufstieg auf der
sozioökonomischen Leiter verwehrt wird.

1

2

3

Stelle dir dein Leben als Leiter vor.
Benenne und reflektiere drei Chancen,
die dir gegeben wurden und für deinen
Aufstieg entscheidend waren.

1

2

3

In welcher Beziehung stehst du zu deiner
racial Identität? Fühlst du dich deiner
racial Identität verbunden oder von ihr
abgetrennt? Warum?

»Assimilationisten können jede racial Gruppe zum überlegenen Standard erklären, an der sich eine andere racial Gruppe messen soll, zur Richtgröße, die es zu erreichen gilt. Normalerweise erklären Assimilationisten weiße Menschen zum überlegenen Standard.«

Ich selbst habe *weiße* Menschen die meiste Zeit meines Lebens zur Norm erhoben, ohne es zu wissen.

Erstelle eine Liste mit 10 Formulierungen oder Redensarten aus der Alltagsprache oder den Medien, die Weißsein oder weiße Menschen zur Norm erheben.

BEISPIEL: *Wenn die Europäische Geschichte als Weltgeschichte bezeichnet wird.*

1

2

3

4

5

6

7

8

9

10

Wenn wir Verhalten und Erscheinungsbild einer racial Gruppe nicht typisieren sollen, wie sollen Antirassistinnen und Antirassisten dann kulturelle oder körperliche Unterschiede zwischen racial Gruppen betrachten?

Die Annahmen, dass (1) sich menschliches Verhalten von den Genen herleiten lässt und (2) unterschiedliche Races verschiedene Gene haben, ist weit verbreitet. Die erste Annahme wurde nie bewiesen und die zweite vollständig widerlegt.

Warum ist die erste Annahme ebenso gefährlich wie die zweite, wenn es darum geht, Rassismus anzufachen?

»Biologischer Rassismus beruht
auf zwei Vorstellungen: dass die
Unterschiede zwischen den
Menschen, die durch unterschiedliche Race-Kategorien beschrieben
werden, biologisch bedeutend sind
und dass die Unterschiede eine
Wertehierarchie schaffen. [...]
Antirassistisch sein heißt, die
Realität der biologischen Gleichheit
zu erkennen und zu wissen, dass die
Hautfarbe für unser Menschsein so
unbedeutend ist wie die Kleidung,
die wir über dieser Haut tragen.«

**Zähle drei biologische Eigenschaften auf,
die du indigenen Menschen zuschreibst oder
zugeschrieben hast. Wie sieht es mit Schwarzen
Menschen aus? Wie mit *weißen*?**

BEISPIEL: *Früher dachte ich, dass indigene Menschen
von Natur aus spirituell seien, Schwarze Menschen
talentierte Tänzer und weiße Menschen Individualisten.*

1

2

3

Warum ist es so wichtig, unterschiedliche Hautfarben in Bezug auf unser gemeinsames Menschsein als bedeutungslos zu betrachten, die Schönheit ihrer Vielfalt jedoch als bedeutungsvoll?

Manche US-Amerikanerinnen und US-Amerikaner meinen, die Antwort auf Color-Hierarchien sei es, überhaupt keine Color wahrzunehmen, als würden alle Menschen gleich aussehen.

Warum würde ein Antirassist einer Color-blinden Rhetorik widersprechen und jeglichem Versuch, uns alle fälschlich gleichzusetzen?

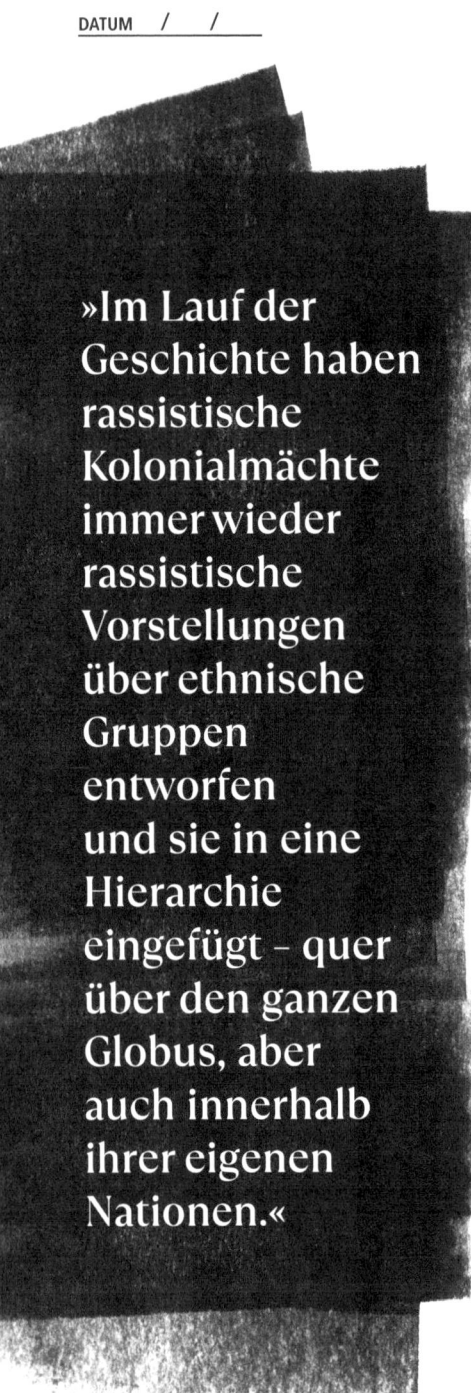

»Im Lauf der Geschichte haben rassistische Kolonialmächte immer wieder rassistische Vorstellungen über ethnische Gruppen entworfen und sie in eine Hierarchie eingefügt – quer über den ganzen Globus, aber auch innerhalb ihrer eigenen Nationen.«

Meiner ethnischen Herkunft zufolge bin ich Afro-Amerikaner, was mich von Nigerianern oder haitianischen Amerikanerinnen und Amerikanern unterscheidet, auch wenn wir alle als »Schwarz« racialized werden.

Ordne die drei ethnischen Gruppen, die innerhalb deiner Race als die minderwertigsten betrachtet werden, in einer Rangfolge an. Warum werden sie als die minderwertigsten betrachtet? Warum ist es für Antirassisten wichtig, dies nicht zu tun?

1

2

3

Nenne fünf herabsetzende Vorstellungen, die
deine racialized Gruppe betreffen. Wann hast
du sie zum ersten Mal gehört oder geäußert?

1

2

3

4

5

Warum ist es wichtig, dass du solchen Vorstellungen, die von deiner racialized Gruppe oder anderen ethnischen Gruppen inner- und außerhalb deiner Race existieren, keinen Glauben schenkst?

»Ich glaubte, dass Gewaltbereitschaft [ein Wesenszug aller] Schwarzen Menschen in meiner Umgebung war, an meiner Schule und in meinem Viertel. Ich glaubte, dass auch mich diese Gewaltbereitschaft ausmachte – dass ich alles Dunkle fürchten sollte, auch mich und meinen eigenen Schwarzen Körper.«

Beschreibe einen Moment in deinem Leben,
in dem dir die Anwesenheit eines dir
unbekannten Schwarzen oder braunen Körpers
Angst gemacht hat. Erkläre, warum du
solche Furcht verspürt hast und warum du
nicht so ängstlich hättest sein sollen.

Viele braune oder Schwarze Menschen tragen draußen nicht gerne Kapuzenpullover oder Masken, selbst während einer Pandemie wie COVID-19.

Warum fürchten sich Schwarze und braune Menschen davor, anderen Angst zu machen, wenn sie rausgehen?

Beschreibe eine Situation, in der du dich in einem bekannten oder unbekannten Schwarzen oder braunen Raum aufgehalten hast und Sorge hattest, dir könnte etwas zustoßen — aber dir stieß nichts zu. War der Raum oder dein Bild des Raums das Problem? Erkläre.

Rufe dir einen kürzlich erlebten Fall von
rassistischer Diskriminierung in Erinnerung.
Handelte es sich um Racial Profiling?
Polizeigewalt? Eine rassistische Beleidigung?
Hast du etwas gesagt oder bist du eingeschritten?
Warum oder warum nicht?

DATUM   /   /

Rufe dir einen Fall von rassistischer Diskriminierung in Erinnerung, der sich vor Kurzem innerhalb der Gesellschaft zugetragen, und der dich betroffen, dich traurig oder wütend gemacht und dich dazu gebracht hat, aktiv zu werden. Warum hat dich dieser Fall rassistischer Ungerechtigkeit so tief getroffen?

Glaubst du, Schwarze Viertel sind gefährlich?
Was bringt dich dazu, dieser Vorstellung
Glauben oder keinen Glauben zu schenken?

DATUM / /

»Die Vorstellung des gefährlichen
Schwarzen Viertels ist die gefährlichste
rassistische Vorstellung von allen.«

Die schädliche Vorstellung der »gefährlichen Schwarzen Viertel«

Nenne zwei Beispiele, die zeigen, wie sich diese negative Vorstellung auf die Wohnungspolitik, den Wert von Immobilien und Wohnstandortentscheidungen auswirkt.

1 _____

2 _____

Nenne zwei Beispiele, die zeigen, wie sich diese negative Vorstellung auf die Bildungspolitik, den Ruf von Schulen und auf Bildungsentscheidungen auswirkt.

1 _____

2 _____

Nenne zwei Beispiele, die zeigen, wie sich diese negative Vorstellung auf die Unternehmenspolitik, Unternehmenswerte und unternehmerische Entscheidungen auswirkt.

1 _____

2 _____

Nenne zwei Beispiele, die zeigen, wie sich diese negative Vorstellung auf die Polizeipolitik, Ängste von Polizistinnen und Polizisten und auf Entscheidungen im Rahmen der Polizeiarbeit auswirkt.

1 _____

2 _____

Nenne zwei Beispiele, die zeigen, wie sich diese negative Vorstellung auf deine eigenen Entscheidungen ausgewirkt hat.

1 _____

2 _____

In wohlhabenden Schwarzen Wohnvierteln ist die Anzahl
von Gewaltverbrechen geringer als in ärmeren Schwarzen
Wohnvierteln - so wie es bei jeder Race der Fall ist.
Gefährliche Schwarze Viertel sind in Wirklichkeit
gefährliche Viertel mit hoher Arbeitslosenquote.

**Was bedeutet das? Welche Auswirkungen hätte
dieses zutreffendere Framing wohl auf politische
Maßnahmen zur Verbrechensbekämpfung?**

Wie können wir vorgehen, um Schwarzsein und
Kriminalität voneinander zu entkoppeln?

»So etwas wie eine gefährliche racial Gruppe gibt es nicht. Es gibt jedoch gefährliche Einzelpersonen.«

Warum ist die Annahme problematisch, eine racial Gruppe sei gefährlich, die anderen hingegen unbedenklich. Inwiefern macht uns diese rassistische Vorstellung alle anfälliger dafür, persönlichen Schaden zu nehmen?

Beschreibe eine Situation, in der du jemanden aufgrund seiner racial Identität als unbedenklich eingestuft hast, sich die Person jedoch als bedrohlich oder gefährlich herausgestellt hat.

Die meiste Zeit meines Lebens hing ich sowohl kulturell antirassistischen als auch assimilationistischen Vorstellungen an. Ich brachte meinen Stolz auf die Schwarze Kultur zum Ausdruck und dachte zugleich, Schwarze Menschen sollten sich an die weiße amerikanische Kultur anpassen.

Beschreibe deine Sichtweise auf deine Kultur beziehungsweise Kulturen. Reflektiere deine segregationistischen, assimilationistischen und/oder antirassistischen Vorstellungen.

»Die Ave. Ich war total gerne unter all diesen Schwarzen Menschen – oder war es die Schwarze Kultur? –, die sich schnell oder langsam bewegten oder einfach nur herumstanden. Auf der Ave erklang eine Art natürliche Hintergrundmusik; sie setzte sich aus dröhnenden Liedfetzen aus den Geschäften und den Stereoanlagen der Autos zusammen und reichte bis hin zum Mädchen, das im Vorübergehen ihre Rhymes einstudierte oder zum Gruppen-Freestyle der Rapper an der Ecke. Gil übte sich im Freestyle, ich hörte kopfnickend zu. Der Hip-Hop-Sound war überall um uns herum.«

Wie würdest du Kultur definieren?

Sind die USA eine mono- oder eine multikulturelle Gesellschaft? Wenn du an die amerikanische Kultur denkst, welche Religion, Sprache, Philosophie, Kunstformen, Nahrungsmittel und Kleidungsstücke fallen dir dann ein? Welche Gruppe von Amerikanerinnen und Amerikanern praktiziert diese kulturellen Traditionen? Sollten wir dies als » amerikanische« Kultur bezeichnen?

DATUM / /

Erzähle von einer Situation, in der du Xenophobie erfahren hast, solltest du eine Migrations- geschichte haben. Wenn du keine Migrations- geschichte hast, dann erzähle von einer Situation, bei der du dich selbst fremdenfeindlich verhalten oder Fremdenfeindlichkeit miterlebt hast.

Welche negativen Folgen zieht es nach sich,
wenn man einer bestimmten racial Gruppe
bestimmte Verhaltensweisen zuschreibt?

»Das spezifische Verhalten einer bestimmten racial Gruppe ist eine Erfindung von Rassistinnen und Rassisten. Individuelles Verhalten entscheidet über den Erfolg individueller Personen. Doch Politik bestimmt über den Erfolg von Gruppen. Und die rassistische Macht sorgt für eine Politik, die rassistische Ungleichheit schafft.«

Welches Verhalten
war für dich »typisch
Schwarz«, bevor du
angefangen hast,
dieses Tagebuch zu
führen?

Welches Verhalten
war für dich »typisch
asiatisch«?

Welches Verhalten war
für dich »typisch für
indigene Menschen«?

Welches Verhalten
war für dich
»typisch weiß«?

Welches Verhalten
hast du für »typisch
für Menschen aus dem
Mittleren Osten«
gehalten?

Welches Verhalten
hast du für »typisch
für Latinx« gehalten?

Welche negativen Auswirkungen ziehen Intoleranz und Fanatismus in all ihren Ausprägungen nach sich? Welche negativen Auswirkungen hat es, spezifische Verhaltensweisen einem bestimmten Geschlecht zuzuschreiben? Oder transgender Menschen? Oder Menschen aus einer bestimmten Klasse? Oder Menschen mit einer bestimmten sexuellen Orientierung? Oder Menschen mit Behinderung?

Beschreibe eine Situation, in der du
jemanden nicht als Individuum betrachtet
hast, sondern ihr oder sein Verhalten
einer bestimmten Race zugeschrieben hast.

»Antirassistinnen und Antirassisten
behandeln Einzelpersonen als
Einzelpersonen und erinnern sich
auch so an sie.«

Wie sollten wir Identität, Kultur, Verhalten
und Race entwirren?

Was muss getan werden, damit Menschen als
Individuen behandelt werden? Ist es schwer,
so etwas zu tun? Warum?

Lass uns über die Zeit deines Aufwachsens nach-
denken. Wann war in deiner Erinnerung das erste
Mal, dass Hautfarbe oder die Beschaffenheit von
Haaren bei dir zuhause, in deinem Klassenzimmer
oder deinem Umfeld thematisiert wurden? Was
wurde damals gesagt? Welche Lektionen hast du
dadurch verinnerlicht?

»Colorismus: eine wirkmächtige Ansammlung rassistischer politischer Maßnahmen, die zu Ungleichheit zwischen Hellen BIPoC und Dunklen BIPoC führt und die sich auf rassistische Vorstellungen von Hellen und Dunklen BIPoC stützt. [...] Die Vorstellungen des Colorismus sind auch Vorstellungen des Assimilationismus, denn sie ermutigen zur Assimilierung oder zur Umwandlung in etwas, das dem *weißen* Körper gleicht.«

Viele Menschen glauben, je heller die Haut,
desto besser, je glatter das Haar, desto
besser. Was glaubst du? Was ist deiner Meinung
nach das menschliche Schönheitsideal?

Im College habe ich farbige Kontaktlinsen getragen, weil ich dachte, hellere Augen würden mich attraktiver machen.

Hast du dein Äußeres jemals verändert oder darüber nachgedacht, es zu verändern, damit du einer anderen Race oder ethnischen Gruppe ähnlicher siehst?

Bekleiden People of Color mit dunklerer Haut an
deiner Institution oder in deiner Umgebung eher
weniger wünschenswerte Rollen als People of Color
mit hellerer Haut und weiße Menschen? Denke über
den Color-Charakter deiner Umgebung nach.

»Antirassistisch zu sein heißt, sich auf die Unterscheidung nach Color genauso zu konzentrieren wie auf die
Unterscheidung nach Race-Kategorien in dem Wissen,
dass die Unterscheidung nach Color Menschen mit
dunkler Hautfarbe besonders schadet.«

Welche Regeln oder Grundsätze könnten an deiner Institution oder in deiner Umgebung verändert werden, um mehr Gerechtigkeit zwischen BIPoC mit hellerer Haut, BIPoC mit dunklerer Haut und *weißen* Menschen herzustellen?

Nenne drei Beispiele, die zeigen, wo du deine Ansichten von Race kritisch überdenken musst.

Nenne drei Beispiele, die zeigen, wo du dir durch deine Auseinandersetzung mit Rassismus in Form dieses Tagebuchs neues Wissen über dich selbst angeeignet hast, das von jetzt an für dich gilt.

1

1

2

2

3

3

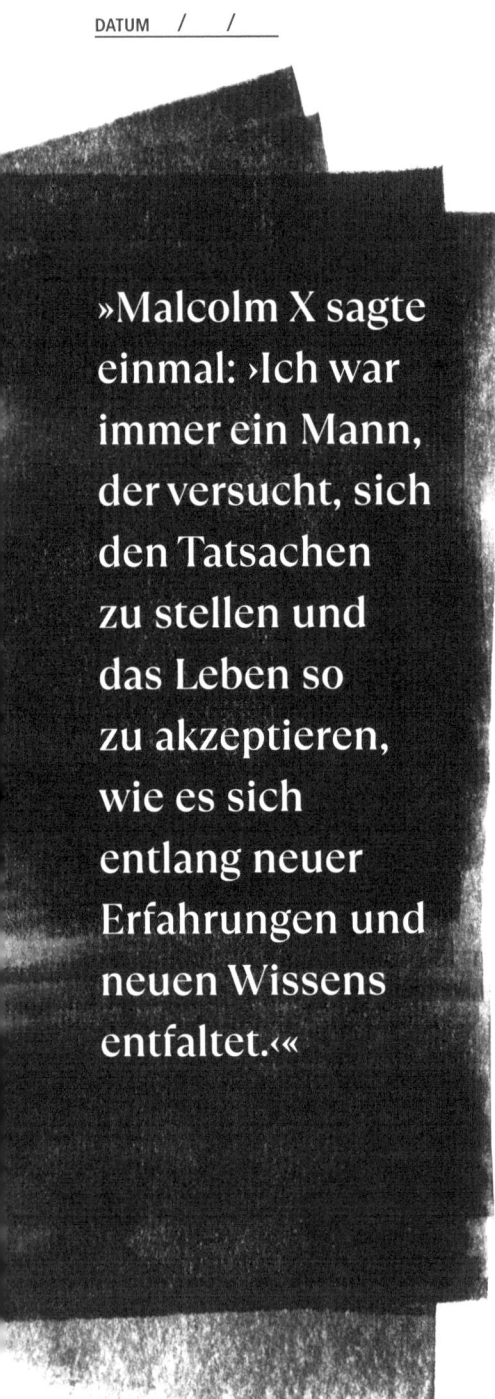

DATUM ___/___/___

»Malcolm X sagte einmal: ›Ich war immer ein Mann, der versucht, sich den Tatsachen zu stellen und das Leben so zu akzeptieren, wie es sich entlang neuer Erfahrungen und neuen Wissens entfaltet.‹«

Warum ist es für Antirassisten grundlegend, sich unangenehmen Wahrheiten zu stellen und neues Wissen zu akzeptieren?

_____
_____
_____
_____
_____
_____
_____
_____
_____
_____
_____
_____
_____
_____
_____
_____
_____
_____

Warum ist es für Rassistinnen und Rassisten grundlegend, sich Fakten zu verweigern und neues Wissen abzulehnen?

Nicht alle *weißen* Menschen profitieren gleichermaßen von der rassistischen Politik, die sich auf People of Color auswirkt.

Welche Gruppe *weißer* Menschen profitiert besonders stark? Welche am wenigsten?

»Rassismus profitiert auch von den gegen *weiße* Menschen gerichteten rassistischen Vorstellungen – mehr Hass stärkt seine Macht nur noch mehr.«

Wir fokussieren uns darauf, *weiße* Menschen als das Problem zu betrachten — statt die Ausübung rassistischer Macht und Politik. Wie führt dieser Fokus dazu, dass rassistische Macht und Politik gestärkt werden?

»[Ich habe gelernt], dass ich mich jedes Mal, wenn ich allgemein Kritik an ›den Schwarzen‹ übe, zugleich von ihnen abhebe und damit im Grunde von ›diesen Niggern‹ spreche. In solchen Momenten bin ich ein Rassist.«

Viele Menschen lehnen den Gedanken ab, jemand könnte gegenüber seiner eigenen racial Gruppe rassistisch sein.

Warum begegnet diesem Gedanken deiner Meinung nach so viel Widerstand?

Führe dir vor Augen, wie du deine eigene
Handlungsmacht einschätzt, bevor du das Zitat
auf der gegenüberliegenden Seite liest.

**Hat dir dein Verständnis von Macht das
Gefühl gegeben, machtlos zu sein oder
Handlungsmacht zu haben?**

»Das Argument der Machtlosigkeit berücksichtigt nicht die Menschen auf den verschiedenen Ebenen der Macht, von Entscheidungsträgern und -trägerinnen wie Politikerinnen und Wirtschaftsführern, die die Macht haben, rassistische und antirassistische Maßnahmen zu institutionalisieren und zu eliminieren, bis zu denjenigen, die diese Entscheidungen umsetzen, etwa Polizisten und Polizistinnen und Führungskräfte auf unterer Ebene, die rassistische oder antirassistische Maßnahmen anwenden oder ignorieren können. Tatsächlich hat jede und jeder Einzelne die Macht, gegen rassistische und antirassistische Maßnahmen zu protestieren, sie zu unterstützen oder in begrenztem Maße zu behindern.«

Rassistische Vorstellungen vermitteln uns das Gefühl von Machtlosigkeit, und wenn wir uns ohnmächtig fühlen, leisten wir keinen Widerstand.

Hast du dich jemals machtlos gefühlt? Teile deine Geschichte.

Wie haben Sklavenhalterinnen und
Sklavenhalter deiner Meinung nach
versucht, versklavten Afrikanerinnen
und Afrikanern das Gefühl von
Machtlosigkeit zu geben?

Wie haben Segregationisten der
Jim-Crow-Ära deiner Meinung nach
versucht, Schwarzen Menschen das
Gefühl von Machtlosigkeit zu geben?

Wie geben Xenophobe
Menschen heutzutage
deiner Meinung nach
Latinx Einwanderern das
Gefühl, machtlos zu sein?

Wie versuchen
rassistische Amerikaner
deiner Meinung nach
antirassistischen
Amerikanern das Gefühl zu
geben, machtlos zu sein?

Verfügst du über politische Entscheidungsgewalt, über die Befugnis, politische Entscheidungen auszuführen und/ oder ist es dir möglich, dich politischen Maßnahmen zu widersetzen? Denke darüber nach, über welche Art von Handlungsmacht du verfügst.

DATUM   /   /

Nenne drei neue Möglichkeiten, wie du
damit anfangen kannst, dich im Kampf gegen
Rassismus einzubringen.

1

2

3

Nenne eine rassistische Äußerung, die du diesen Monat an deinem Arbeitsplatz, in den Nachrichten oder in einer Alltagsunterhaltung gehört hast, und auf die du im Nachhinein gerne reagiert hättest. Reflektiere, wie du in diesem Moment anders hättest handeln können.

Eine Zusammenfassung meines Lebens im Rassismus:

»Wenn wir aufhören, die Dualität von rassistisch und antirassistisch zu leugnen, können wir eine genaue Bestandsaufnahme der rassistischen Vorstellungen und Maßnahmen vornehmen, die wir unterstützen. Über weite Teile meines Lebens hegte ich rassistische und antirassistische Vorstellungen und unterstützte rassistische und antirassistische Maßnahmen; ich war in einem Moment antirassistisch und in vielen anderen Momenten rassistisch.«

Wie würdest du dein Leben unter den Gesichtspunkten von rassistischem oder antirassistischem Verhalten zusammen- fassen?

_____

_____

_____

_____

_____

_____

_____

_____

_____

_____

_____

_____

_____

_____

_____

_____

War es schwer, über die vorherige Frage
zu schreiben? Welches Gefühl hat das
Antworten darauf in dir ausgelöst?

Wer ist problematischer — die Person, die sich
weigert, ihren Rassismus anzuerkennen, oder
die Person, die ihren Rassismus eingesteht?
Warum?

Denke darüber nach, inwiefern sich Klasse und Race in deinem Viertel überschneiden.

»Arme Menschen bilden eine Klasse, Schwarze Menschen bilden eine Race-Kategorie. Arme Schwarze Menschen bilden eine Race-Klassen-Kategorie.«

Welche Vorstellungen von armen Menschen hatten die Menschen, die dich großgezogen haben? Inwiefern lassen sich deine heutigen Vorstellungen mit ihren damaligen Vorstellungen vergleichen?

DATUM / /

Als ich aufwuchs, dachte ich, dass mit praktisch jeder Race-Klasse-Kategorie etwas nicht stimme, darunter auch mit meiner eigenen, den Afro-Amerikanerinnen und Afro-Amerikanern der Mittelklasse.

Wie ist das für dich? Gibt es Vorstellungen von Race-Klasse-Kategorien, die in deiner Kindheit/ Jugend besonders hervorgestochen sind?

Welche politischen Maßnahmen —
sowohl vergangene als auch
gegenwärtige — könnten für
den Kampf um Anerkennung
und Chancengleichheit der
verarmten indigenen Bevöl-
kerung verantwortlich sein?

Welche politischen Maßnahmen —
sowohl vergangene als auch
gegenwärtige — könnten für
den Kampf um Anerkennung und
Chancengleichheit der ärmsten
Einwanderergruppe (Asiatinnen
und Asiaten) in der Stadt New
York verantwortlich sein?

Schwarze Eliten verfügen über einen geringeren Wohlstand als *weiße*. Welche politischen Maßnahmen — sowohl vergangene als auch gegenwärtige — könnten für dieses Wohlstandsgefälle verantwortlich sein?

Beschreibe anhand einiger Beispiele, was Antirassistinnen und Antirassisten mit einem Bewusstsein für den Faktor Klasse in den Vierteln, in denen arme Schwarze Menschen leben, verändern sollten, anstatt eben jene Menschen.

DATUM   /   /

»Antirassistisch sein heißt,
die Gründe für ökonomische
Ungleichheit zwischen gleichen
Race-Klassen in der Politik zu
suchen, nicht in den Menschen.
[...] Antirassistisch sein heißt
zu erkennen, dass nicht die
Menschen, sondern die
politischen und wirtschaftlichen
Bedingungen in armen Schwarzen
Vierteln pathologisch sind.«

Über arme Schwarze Menschen sagt man, sie würden im » Ghetto« leben und wären » Ghetto People«. Arme *weiße* Menschen werden häufig als » White Trash« bezeichnet. Inwiefern sind diese Bezeichnungen Beispiele für klassenspezifischen Rassismus?

Welche Privilegien besitzen arme *weiße* Menschen üblicherweise gegenüber armen Schwarzen Menschen? Welche der beiden Gruppen lebt mit größerer Wahrscheinlichkeit in einem Viertel mit höherer Armutsdichte? Warum?

In den USA tun sich die Menschen ebenso schwer damit zu definieren, was *Kapitalismus* ist, wie damit, was *Rassismus* ist. Mir scheint es, dass diejenigen, die dem Kapitalismus nahestehen, den Begriff anders definieren als die, die ihn ablehnen.

DATUM   /   /

Wie definierst du Kapitalismus?

Wo erkennst du in deiner Umgebung den Zusammenhang zwischen Kapitalismus und Rassismus?

Notiere eine Liste von Räumen in deiner Umgebung, die racialized sind (auch die, die als weiße Räume gelten). Wie werden diese Räume üblicherweise bewertet und betrachtet?

DATUM / /

»So wie die rassistische Macht Menschen racialized, geschieht dies auch mit Räumen. Das Ghetto. Die Innenstadt. Die Dritte Welt.«

Inwiefern erschweren wir es Schwarzen Räumen,
wenn wir bei jedem Fehler, den jemand begeht,
den Raum oder die Institution dafür anklagen,
nicht aber die Einzelperson?

»Wie oft hatte ich die Fehler in weißen Räumen individualisiert und dem Einzelnen die Schuld gegeben anstatt dem weißen Raum? Wie oft hatte ich die Fehler in Schwarzen Räumen generalisiert – in der Kirche oder bei einer Versammlung – und dem Schwarzen Raum anstatt einer Einzelperson die Schuld gegeben?«

Zähle fünf Schwarze
Räume oder Institu-
tionen auf, die rege-
lmäßig entwertet oder
herabgesetzt werden.

1

2

3

4

5

Verfügen diese Schwarzen Räume oder
Institutionen über weniger Mittel
als vergleichbare *weiße* Räume oder
Institutionen? Was für eine Politik
könnte hinter einer solchen Ungleichheit
der Mittel stehen? Wie können wir gegen
solche Ungleichheiten vorgehen?

Manche People of Color setzen sich dagegen ein, dass Räume, die von People of Color geschaffen und betrieben werden, abgeschafft werden. Warum, glaubst du, ist das so?

Welche Vorstellungen von Race hatten die
Menschen, die dich großgezogen haben? Inwiefern
lassen sich deine heutigen Vorstellungen mit
ihren damaligen Vorstellungen vergleichen?

Segregationisten wollen Schwarze Menschen auslöschen. Assimilationisten wollten die Kulturen
Schwarzer Menschen auslöschen.

**Warum beharren Assimilationisten deiner
Meinung nach so vehement darauf, »nicht
rassistisch« zu sein?**

»Aufgrund der Lynchmorde an Schwarzen Körpern sind Schwarze Körper letztendlich stärker durch Segregationistinnen und Segregationisten gefährdet als durch Integrationistinnen und Integrationisten. Durch den Lynchmord an Schwarzen Kulturen sind Schwarze Körper letztendlich stärker durch Integrationistinnen und Integrationisten gefährdet als durch Segregationistinnen und Segregationisten.«

Segregationisten zielen darauf ab, Schwarze Räume auszubeuten. Assimilationisten zielen darauf ab, Schwarze Räume auszulöschen.

Warum waren beide für das Bestehen von Räumen schädlich, in denen sich hauptsächlich Schwarze Menschen aufhalten?

Während meines Aufbaustudiums an der Temple University waren meine beiden Freundinnen Kaila und Yaba wichtig für mich, da sie mich ermutigten, mich meiner Intoleranz zu stellen. »Als ich mein Studium an der Temple University aufnahm, war ich rassistisch, sexistisch und homophob. Nicht unbedingt das geeignete Freundschaftsmaterial für diese beiden Frauen. Aber sie erkannten ein Potenzial in mir, das ich selbst nicht sah.«

Beschreibe zwei Menschen, die ausschlaggebend dafür waren, dass du dich mit deiner eigenen Engstirnigkeit auseinandergesetzt hast.

Welche Vorstellungen von Sexualität hatten
die Menschen, die dich großgezogen haben?
Inwiefern lassen sich deine heutigen
Vorstellungen mit ihren damaligen
Vorstellungen vergleichen?

Welche Vorstellungen von Gender hatten
die Menschen, die dich großgezogen haben?
Inwiefern lassen sich deine heutigen
Vorstellungen mit ihren damaligen
Vorstellungen vergleichen?

»Wer wirklich antirassistisch ist, ist auch feministisch. Wer wirklich feministisch ist, ist auch antirassistisch.«

Viele Menschen glauben fälschlicherweise, dass Feministinnen Männer hassen.

Feministinnen hassen also keine Männer, was oder wen können sie jedoch absolut nicht leiden? Wofür kämpfen sie?

Wie bei *Rassismus* und *Kapitalismus* der Fall, haben
Menschen auch Probleme damit, den Begriff *Feminismus*
zu definieren.

**Wie definierst du *Feminismus*? Wenn du deine
Definition notiert hast, schlage die Definition
einer feministischen Theoretikerin nach.
Vergleiche deine Definition damit und zeige auf,
wo die Unterschiede zu der der Theoretikerin liegen.**

Feministinnen of Color haben darauf hingewiesen, dass manche *weiße* Feministinnen zu häufig gut situierte *weiße* Frauen zur Norm erheben.

Zeige dies anhand von drei Beispielen auf.

1

2

3

Feministinnen of Color haben darauf hingewiesen, dass manche *weiße* Feministinnen die Unterdrückung, die *weiße* gutsituierte Frauen erfahren, zur Norm erheben.

Zähle drei Fälle auf.

DATUM   /   /

1

2

3

Inwiefern sehen sich arme
indigene Frauen mit der
gleichen Unterdrückung
konfrontiert wie gutsi
tuierte *weiße* Frauen,
und wo unterscheidet
sich ihre Unterdrückung?

Inwiefern sehen sich
gutsituierte asiatische
Frauen mit der gleichen
Unterdrückung konfrontiert
wie arme *weiße* Frauen, und
wo unterscheidet sich ihre
Unterdrückung?

Feministinnen of Color haben darauf hingewiesen, dass Männer of Color sich zu oft für Repräsentanten ihrer Race halten.

Zähle drei Beispiele auf.

1

2

3

Feministinnen of Color haben darauf hingewiesen, dass Männer of Color die Unterdrückung, die sie erfahren, zu oft zur Norm erheben.

Zeige dies anhand von drei Fällen auf.

1

2

3

Inwiefern sehen sich
Schwarze Frauen mit der
gleichen Unterdrückung
konfrontiert wie Schwarze
Männer, und wo unterscheidet
sich ihre Unterdrückung?

Inwiefern sehen sich Latinx
Frauen mit der gleichen
Unterdrückung konfrontiert
wie Latinx Männer, und wo
unterscheidet sich ihre
Unterdrückung?

Kann eine Person, die sich
hauptsächlich für *weiße*
Frauen einsetzt, wirklich
feministisch sein? Ist eine
Person, die sich hauptsächlich
für Männer of Color einsetzt,
wirklich antirassistisch?
Warum, beziehungsweise warum
nicht?

Ich habe die meiste Zeit
meines Lebens damit
verbracht, mich für Schwarze
Männer einzusetzen und dachte
dabei fälschlicherweise,
ich würde mich für Schwarze
Menschen starkmachen. Für
welche von Race und Gender
definierten Gruppen hast du
dich wirklich eingesetzt?

Wie definierst du *Homophobie*?
Wie *Transphobie*?

»Wir können nicht antirassistisch
sein, wenn wir homophob oder
transphob sind.«

Zähle fünf Beispiele auf, die zeigen,
wie sich Homophobie und Transphobie mit
Rassismus überschneiden und so queere
und trans People of Color erniedrigen
und verletzen.

1

2

3

4

5

Schwarze trans Frauen haben Berichten zufolge
die niedrigste Lebenserwartung unter allen racial
Gruppen.

Warum ist das deiner Meinung nach der Fall?

Bevor du dich auf diese Reise durch den Rassismus begeben hast, wie war deine Wahrnehmung von… ?

schwulen Schwarzen
Männern

schwulen
Männern
generell

schwulen weißen
Männern

Inwiefern hat sich deine Wahrnehmung schwuler Schwarzer Männer von der schwuler *weißer* Männer unterschieden?

DATUM / /

Denke über die Überschneidungen von Race, Sexualität und Klasse nach. Laut des Family Equality Council and Center for American Progress »leben 32 Prozent der Kinder, die von Schwarzen gleichgeschlechtlichen männlichen Paaren aufgezogen werden, in Armut, verglichen mit 14 Prozent der Kinder, die von *weißen* gleichgeschlechtlichen männlichen Paaren aufgezogen werden, 13 Prozent der Kinder, die von Schwarzen Hetero-Paaren und 7 Prozent der Kinder, die von *weißen* Hetero-Paaren aufgezogen werden.«

Welche politischen Maßnahmen — oder Mangel derselben — tragen Verantwortung für diese Statistik?

Wie würdest du *queeren* Antirassismus definieren?   DATUM   /   /

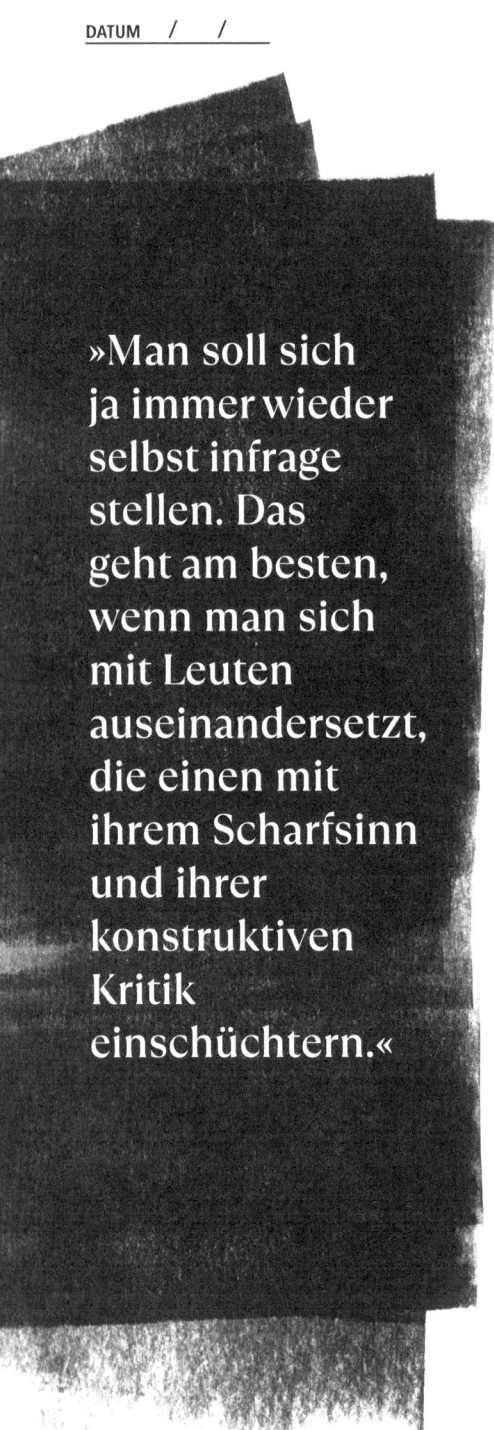

»Man soll sich ja immer wieder selbst infrage stellen. Das geht am besten, wenn man sich mit Leuten auseinandersetzt, die einen mit ihrem Scharfsinn und ihrer konstruktiven Kritik einschüchtern.«

Kaila und Yaba, zwei meiner Kommilitoninnen, wirkten einschüchternd auf mich.

Wer hat auf dich einschüchternd gewirkt?

**Wie kommt es, dass Rassismus
Feigheit hervorbringt?**

»Ich habe Angst vor Feigheit.
Feigheit ist die Unfähigkeit, die
Stärke aufzubringen, das Richtige
im Angesicht der Angst zu tun.«

Inwiefern bringt Feigheit Rassismus hervor?

Es hat viele Jahre gedauert, bis ich meine
Feigheit überwinden konnte.

**Wie geht es dir damit? Wo stehst du
im Kampf gegen die Feigheit?**

»Eine Wiederholung der rassistischen Geschichte ist nicht harmlos. Ihre verheerende Wirkung vervielfacht sich, wenn eine Generation nach der anderen dieselben zum Scheitern verurteilten Strategien, Lösungsansätze und Ideologien umsetzt, anstatt sie zusammen mit den gescheiterten Versuchen der Vergangenheit zu begraben.«

Seit dem 18. Jahrhundert haben Rassenreformer versucht, den Rassismus durch Bildung wegzulehren oder ihn wegzulieben.

Nenne drei Strategien, die im Laufe der Jahre angewandt wurden und die weitgehend darin versagt haben, rassistische Politik und Vorstellungen zu bezwingen oder auszumerzen.

1

2

3

Warum sind diese Strategien immer wieder gescheitert?

_____

_____

_____

_____

_____

_____

**Welche Vorstellungen von Rassismus haben
US-Amerikanerinnen und US-Amerikaner immer
wieder dazu gebracht, diese gescheiterten
Strategien weiterhin zu verfolgen?**

Was sind deine antirassistischen Superkräfte?
Wie kannst du Einzelpersonen, Aktionen, Politikerinnen und Politiker und Organisationen, die gegen
rassistische Ungleichheit und Ungerechtigkeit
kämpfen, langfristig unterstützen?

Wer sind deine antirassistischen Lieblings-
anführerinnen und -anführer, Lieblingsautorinnen
und -autoren, Lieblingskünstlerinnen und
-künstler oder -aktivistinnen und -aktivisten?
Wen aus dem Kreis deiner Freunde, deiner Familie
oder deiner Kolleginnen und Kollegen bewunderst
du am meisten für ihren oder seinen antirassistischen Einsatz? Warum?

Wen aus dem Kreis deiner engen Freunde, Familie oder Kolleginnen und Kollegen kannst du aufgrund ihres oder seines Rassismus am wenigsten leiden? Warum? Wie hat sich ihr oder sein Rassismus auf eure Beziehung ausgewirkt?

Bevor du jemanden dabei unterstützt, Antirassistin oder Antirassist zu werden, ist es absolut notwendig, dass du dir die Zeit nimmst, eure Beziehung durch die Förderung gegenseitigen Vertrauens zu stärken.

Warum glaubst du, ist das so wichtig?

Es ist wichtig, dass du diese dir nahestehende Person wirklich gut kennenlernst und verstehst, was hinter ihrem oder seinem Rassismus steckt. Niemand wird rassistisch geboren.

Worin liegen deiner Meinung nach die Wurzeln für ihren oder seinen Rassismus? Warum ist es von so großer Bedeutung, diese Wurzeln voll und ganz zu verstehen?

Wie kannst du zu einer antirassistischen Zukunft bei dir zuhause, unter deinen Freunden, in deiner Familie oder deiner Umgebung beitragen?

Dein Zuhause

Deine Freunde

Deine Familie

Deine Umgebung

»Erfolg. Die dunkle Schotterpiste, die wir fürchten. Wo die antirassistische Macht und Politik dominieren. Wo zwischen gleichrangigen Gruppen gleiche Chancen bestehen und damit auch gleichrangige Resultate möglich sind. Wo man der Politik und nicht den Menschen die Schuld an gesellschaftlichen Problemen gibt. Wo fast jeder mehr als heute hat.«

Stelle dir die auf der gegenüberliegenden Seite
beschriebene Welt vor.

**Beschreibe, wie diese Welt aussehen, wie sie
sein könnte. Warum würde in einer Welt, in
der die antirassistische Macht und Politik
dominieren, beinahe jeder mehr haben?**

»Unsere Welt ist von einem Krebsgeschwür mit zahlreichen Metastasen befallen. Stadium 4. Der Rassismus hat sich in fast jedem Teil des Gemeinwesens ausgebreitet.

Als jemand, der gegen Krebs kämpfen musste, der bereits gestreut hatte, scheint mir der gesellschaftliche Kampf gegen Rassismus vergleichbar mit dem körperlichen Kampf gegen den metastasierenden Krebs. Indem wir Begrifflichkeiten des Krebses und des Rassismus miteinander vergleichen, lässt sich diese Analogie erklären: Wenn Rassismus ein Krebsgeschwür ist, dann entspricht die Operation dem, die rassistische Politik zu entfernen; antirassistische Politik einzuführen entspricht der systemischen Behandlung, wie die Chemotherapie eine ist, die darauf abzielt, die Tumore der Ungleichheit zu schrumpfen oder ihre Wiederkehr zu verhindern.«

Was hältst du von der Analogie zwischen dem Kampf gegen einen metastasierenden Rassismus und dem gegen metastasierenden Krebs?

Bekommt man die Diagnose »Rassismus«, ist das gar nicht so viel anders, als wenn bei einem Krebs diagnostiziert wird. Beides kann schockieren und zutiefst verstörend sein. Dennoch neigen Menschen dazu, sehr unterschiedlich darauf zu reagieren.

Wie? Warum?

Warum ist Schmerz bei der Heilung der USA vom Rassismus grundlegend? Warum ist Schmerz bei unserer eigenen Heilung vom Rassismus grundlegend? Bist du für den Schmerz des Heilungsprozesses bereit? Warum oder warum nicht?

»Wenn es darum geht, Amerika vom Rassismus zu heilen, würden wir den USA gern Schmerzen ersparen, aber ohne Schmerzen gibt es keinen Fortschritt.«

Antirassist zu sein, heißt Zuversicht zu haben.
Wir alle brauchen Zuversicht.

Was gibt dir Zuversicht?

»Unsere antirassistische Kraft liegt
in unserer Fähigkeit, den eigenen
Rassismus im Spiegel unserer
Vergangenheit und Gegenwart
zu betrachten, den eigenen
Antirassismus im Spiegel unserer
Zukunft zu sehen, die eigenen
racial Gruppen als gleichgestellt
neben anderen racial Gruppen
zu betrachten, die Welt der
rassistischen Diskriminierung
als anormal wahrzunehmen,
die eigene Handlungsmacht zu
erkennen, Widerstand zu leisten
und die rassistische Macht der
Politik zu überwinden.«

Gehe in dich. Beschreibe deine antirassistischen Handlungsmöglichkeiten.

Anmerkung zur Übersetzung

Sprache ist ein machtvolles Mittel, das die Welt nicht nur beschreibt, sondern sie auch hervorbringt. Am Beispiel des Wortes »Rasse« lässt sich dies verdeutlichen – denn so etwas wie »menschliche Rassen« gibt es nicht. Vielmehr ist der Begriff Teil einer Ideologie, die bereits zur Zeit der Aufklärung unterschiedliche, hierarchisch geordnete »Rassen« definierte, an deren Spitze die »weiße Rasse« stand. So diente der Begriff zunächst dazu, eine aggressive Kolonialpolitik sowie das System der Sklaverei zu begründen und voranzutreiben; später berief sich Adolf Hitler darauf, um den Völkermord an den europäischen Juden zu rechtfertigen.

Insofern ist das Wort in Deutschland stark mit dem Nationalsozialismus verbunden und beschreibt auch heute noch ein rein biologisches Konzept. Das angloamerikanische »race« hingegen hat einen Bedeutungswandel durchlaufen und meint etwas anderes – es beschreibt eine politische und soziale Kategorie und entspricht insofern eher einem sozialwissenschaftlichen Analysewerkzeug. Aus diesem Grund wurde im vorliegenden Text auf eine entsprechende Übertragung ins Deutsche verzichtet und durchgehend das Wort »Race« verwendet.

Quellen

Hendrik Cremer, *Zur Problematik des Begriffs »Rasse« in der Gesetzgebung*, https://heimatkunde.boell.de/de/2008/11/18/zur-problematik-des-begriffs-rasse-der-gesetzgebung.

George M. Fredrickson, *Rassismus. Ein historischer Abriss* (Hamburg: Hamburger Edition, 2004).

Glossar

Assimilationistin, Assimiliationist:	»Eine Person, die die rassistische Vorstellung vertritt, eine racial Gruppe sei aufgrund ihrer Kultur oder ihres Verhaltens unterlegen, und die kulturelle und verhaltensbezogene Förderprogramme unterstützt, um diese Gruppe weiterzuentwickeln.«
Jim-Crow-Ära:	Als »Jim-Crow-Ära« gilt in den USA die Zeit vom Ende des amerikanischen Bürgerkriegs (1865) bis zum Erfolg der Bürgerrechtsbewegung Mitte der 1960er-Jahre, in der die Rassentrennung in den USA durch zahlreiche Gesetze festgeschrieben war.
Latinx:	»(sprich: La-tí-nex) ist eine Selbstbezeichnung von Menschen lateinamerikanischer Herkunft. Der Begriff hat sich als inklusive und geschlechtergerechte Alternative für Latino/ Latina im englischsprachigen Raum entwickelt.«
People of Color/ BIPoC:	»ist eine Selbstbezeichnung von Menschen mit Rassismuserfahrung, die nicht als *weiß* [, deutsch und westlich] wahrgenommen werden und sich auch selbst nicht so definieren.« Die erweiterte Bezeichnung BIPoC (Black, Indigenous, People of Color) spezifiziert Schwarze und indigene Erfahrungen.
Schwarz/*weiß*:	Im vorliegenden Buch wird »Schwarz« großgeschrieben, um zu verdeutlichen, dass es sich hierbei um die politische Selbstbezeichnung einer Personengruppe handelt, die »als Reaktion auf die Abwertung ihrer afrikanischen Herkunft im rassistisch-konstruierten Machtgefüge von *weiß*/Schwarz ihr Bewusstsein genau daher ableitet, Schwarz als positiv umdeutet und dies durch Großschreibung signifikant macht«. »Weiß« hingegen wird klein und kursiv geschrieben, da es sich hierbei um ein Konstrukt handelt, das jedoch kein Widerstandspotenzial beinhaltet.
Segregationistin, Segregationist:	»Eine Person, die die rassistische Vorstellung vertritt, eine racial Gruppe sei dauerhaft unterlegen und könne sich niemals weiterentwickeln, und die eine Politik unterstützt, die diese Gruppe von anderen trennt.«
White Ethnostate:	Ein in den USA von der extremen Rechten, der sogenannten Alt-Right, propagierter »idealer Staat«, in dem ausschließlich *weiße* Menschen leben.